MA DÉMISSION

DE

PRÉSIDENT DE LA MAISON DE SECOURS

ET LES MOTIFS QUI L'ONT DÉTERMINÉE,

Suivie d'une Planche du Président du G∴ O∴ de France.

PAR Léon PORTALLIER.

> .....Oh! non, non, ne l'espérez pas, diront-
> elles encore; ce n'est pas avec des paroles
> qu'on soulage les angoisses de la faim! ce
> n'est pas avec des paroles qu'on soulage les
> souffrances! il faut autre chose : il faut du
> cœur, il faut du dévouement!.............
>
> PORTALLIER, *discours du 10 février 1854.*

PARIS.

IMPRIMERIE BOISSEAU ET Cie, PASSAGE DU CAIRE, 123-124.

1854.

MA DÉMISSION

DE PRÉSIDENT DE LA MAISON DE SECOURS

MA DÉMISSION

DE

PRÉSIDENT DE LA MAISON DE SECOURS

ET LES MOTIFS QUI L'ONT DÉTERMINÉE,

Suivie d'une Planche du Président du G∴ O∴ de France.

PAR Léon PORTALLIER.

> .....Oh! non, non, ne l'espérez pas, diront-elles encore; ce n'est pas avec des paroles qu'on soulage les angoisses de la faim! ce n'est pas avec des paroles qu'on soulage les souffrances! il faut autre chose : il faut du cœur, il faut du dévouement!............
>
> PORTALLIER, *discours du 10 février 1854.*

PARIS.

IMPRIMERIE BOISSEAU ET Cⁱᵉ, PASSAGE DU CAIRE, 123-124.

—

1854.

MON ENTRÉE DANS LA FRANC-MAÇONNERIE

ET MES ILLUSIONS.

CHAPITRE Ier.

Mon entrée dans la Franc-Maçonnerie

et mes illusions.

----∞----

Le jour qui éclaira mon initiation aux mystères de la Franc-Maçonnerie fut un des plus beaux de ma vie; je sentis battre mon cœur avec orgueil, et mes larmes coulèrent doucement à la pensée que désormais j'allais faire partie d'une association qui avait pour base la charité, et pour but toutes les vertus qui unissent l'homme à Dieu.

Plein de ferveur pour une aussi sublime institution, je m'efforçais de m'en rendre digne, en cherchant toutes les occasions de faire le bien. Le plaisir que j'éprouvais à secourir mes semblables m'inspira bientôt la noble ambition de m'instruire dans les hautes régions de la loi maçonnique, afin que, devenant apôtre moi-même, je pus à mon tour prêcher l'évangile du bonheur. A cet effet, je passais jusqu'au trente-troisième et dernier grade de l'Ordre, et je fus nommé membre du Grand-Orient de France. Cette faveur combla mes espérances, et me fit désirer plus que jamais l'instant de mettre en pratique les enseignements de la plus douce, comme de la plus sainte philosophie. Ce moment ne se fit point attendre; car, le 11 octobre 1851, le secrétaire-général de l'Ordre m'adressait la planche suivante :

« T∴ C∴ F∴,

« J'ai la faveur de vous donner avis que, sur la présentation
« de la Chambre symbolique, le Grand-Orient, dans son assemblée
« générale, vous a choisi pour faire partie de la commission ad-
« ministrative de la Maison de secours.

« Le Grand-Orient, en faisant ce choix, a beaucoup compté
« sur le zèle et le dévouement dont vous n'avez cessé de donner

« des preuves marquantes depuis votre admission au sein du Sénat

« maçonnique.

« Agréez, etc.... »

Mes vœux étaient exaucés, mon rêve allait s'accomplir : j'allais être membre actif et l'un des dispensateurs des bienfaits de la Maçonnerie. J'en fus heureux, je l'avoue, et mon bonheur ne fut pas moins grand, lorsqu'au 5 juin de l'année suivante (1852), je fus élu président de cette même commission.

Depuis douze ans que la Maison de secours existait, elle n'avait eu, pour ainsi dire, que peu ou point d'efficacité, malgré les efforts des commissions qui s'étaient toujours succédées sans apporter d'autres résultats que de voir leur dévouement paralysé par l'inertie ou l'insouciance de quelques FF∴ En vain, plusieurs membres avaient élevé la voix contre une indifférence si préjudiciable à l'œuvre sainte de la Franc-Maçonnerie; mais, découragés d'une lutte sans succès, ils avaient fini par attendre dans le silence qu'il plût au ciel de toucher un jour le cœur de ces hommes qui n'avaient jamais souffert des souffrances de leurs FF∴ malheureux. Telle était à peu près la position de la Maison de secours lorsque j'y entrai. Mais, enthousiaste de ma nouvelle religion, je ne vis rien de tout cela; je pris la forme pour le fond, et je m'élançais avec confiance dans l'avenir, comptant sur l'appui de mes co-religionnaires.

En arrivant à la présidence, je commençais par prendre connaissance des ressources de la Maison de secours; je trouvais l'encaisse de 5,319 fr. 05 c. Quelques parties de détails de l'administration avaient été négligées; nous remîmes un peu de régularité, et il fut décidé que les bons de pain et de viande porteraient un numéro d'ordre, et qu'ils seraient signés par moi et le chef du secrétariat. Il fut aussi décidé que l'on ferait lithographier des têtes de lettres, des états de semaines, des rapports et des dossiers. Cela était peu, sans doute; mais c'était un pas d'amélioration, et ce pas était pour la commission le présage d'une amélioration plus grande encore.

Le local de la Maison de secours n'avait jamais été, depuis douze ans, convenable à la dignité maçonnique : les visiteurs s'en étaient affligés plus d'une fois, et les FF.·. admis se plaignaient avec raison de sa mauvaise disposition, qui était si peu en rapport avec l'hygiène et les besoins de la vie. La commission décida qu'il fallait d'urgence un nouveau logement; elle en fit aussitôt la proposition au Grand-Orient, qui autorisa sur-le-champ la dépense d'un loyer de 1,200 fr. Heureux de cette autorisation, chacun de nous se mit en quête d'une maison qui pût réunir l'utile à l'agréable. J'eus le bonheur de trouver, faubourg Saint-Antoine, n° 295, un immeuble, situé entre cour et jardin, renfermant toutes les conditions indispensables à un établissement philanthropique, qui fut loué, le 28 juin 1852, pour une période de trois, six ou neuf années consécutives, et dont six mois d'avance furent payés :

1° 950 fr. par chacune des trois premières années ;
2° 1,000 fr. par chacune des trois années suivantes ;
3° 1,100 fr. par chacune des trois dernières années.

Cette location était une bonne fortune, non-seulement pour le zèle de la commission, mais pour le Grand-Orient, qui pouvait montrer avec orgueil à tous les Orients de l'Europe, que lui aussi avait son Hôtel-Dieu maçonnique, qui pouvait soulager le malheur et donner un asile à la vieillesse.

Le 15 juillet suivant, nous prîmes possession de notre nouvelle demeure, et comme depuis sa fondation la Maison de secours avait eu pour directeur-administrateur une femme, la commission pensa qu'un homme convenait mieux à cet emploi; en conséquence, un directeur fut nommé. Je priai ce dernier de me donner, chaque samedi, un rapport détaillé de la situation de la Maison, afin de le comparer à celui du commissaire de semaine.

On voit que la commission faisait du chemin, et devait espérer voir un jour couronner ses efforts; du moins, c'est ainsi qu'elle pensait dans l'enthousiasme de son dévouement. Aussi, fière de ses premiers succès, marchait-elle avec confiance dans l'avenir. Pour moi, ne suivant que la voix de mon cœur, j'en étais la sentinelle avancée, veillant à tout, répondant à tout et assumant sur moi toutes les charges. C'était, sans doute, plus que je ne pouvais faire; mais c'était pour la cause du pauvre que je travaillais; Dieu me donnait du courage !

Une fois installé, et l'ordre rétabli dans notre administration, nous songeâmes à publier une circulaire pour engager les Loges nos Sœurs à nous venir en aide, par de nouvelles offrandes, comme elles l'avaient fait précédemment, afin d'assurer l'existence d'une institution qui allait devenir l'asile de tous les Maçons malheureux, en prenant des proportions plus dignes.

Le Grand-Orient, toujours bienveillant pour la Maison de secours, chargea les députés qui partaient pour faire souscrire les
Loges à l'achat du Temple, de les répandre dans leur voyage;
mais la plupart de ces derniers, pensant peut-être qu'il était plus
nécessaire d'avoir des salons de réception, des cabinets et des
bureaux splendides, que de donner du pain aux pauvres, ne s'oc-
cupèrent que du Temple, et nos circulaires restèrent sans effet.
Cet oubli de la charité ne nous découragea point : toujours pleins
d'une foi vive, et ne comptant que sur notre dévouement, nous
continuâmes à propager notre œuvre, et nous eûmes bientôt la
satisfaction de voir accourir un grand nombre d'Ateliers, qui vin-
rent nous dire généreusement : Continuez votre ouvrage, et nous
viendrons, par notre concours, en assurer l'avenir; protégez
l'existence de nos FF.·. malheureux, nous vous enverrons nos
offrandes, et nous vous bénirons !

Ces encouragements, pleins d'un noble stimulant, furent pour
nous une douce et glorieuse récompense; nous pensions déjà que
le ciel souriait à nos efforts, lorsqu'un F.·., par d'imprudentes
paroles, renversa nos espérances, en disant : *Mes FF.·., si vous
laissez marcher la Maison de secours de cette manière, elle sera*

bientôt plus riche que le Grand-Orient!..... Ces insinuations perfides éveillèrent la jalousie des cœurs timorés, et la cause du pauvre fut soumise à l'autorité (*comme nous le verrons bientôt*).

Après avoir acheté les choses les plus essentielles à la Maison de secours, telles que mobilier et ustensiles de ménage, nous voulûmes de nouveau connaître sa position financière, et nous trouvâmes qu'il restait en caisse, le 25 septembre 1852, une somme de 4,798 fr. 55 c. Nous pouvions donc marcher et faire le bien, surtout étant assurés du concours des Loges. Chaque semaine, les bureaux du Grand-Orient, d'après notre demande, nous donnaient un état des recettes et des dépenses, et, malgré le nombre de nos pensionnaires, les bons de pain, de viande, ainsi que les FF.·. que nous rendions à leurs familles, et l'argent que nous distribuions chaque samedi, nous voyons avec plaisir que l'encaisse se soutenait ; car, le 18 juin 1853, nous possédions encore 4,774 fr. 82 c.

Pendant la période de ces neuf mois, c'est-à-dire du 25 septembre 1852 au 18 juin 1853, la commission avait eu à souffrir plus d'une fois du mauvais vouloir de certains FF.·. qui auraient dû, par leur position, donner l'exemple du dévouement, et non

paralyser le bien que nous faisions, par une insouciance inqualifiable ou par les prétentions d'une vanité ridicule et anti-ma-
çonnique. Plusieurs parmi nous, fatigués de la pression d'un con-
trôle dérisoire qu'on commençait à exercer, s'étaient retirés, en
gémissant de voir les membres d'une commission aussi désinté-
ressés soumis à la censure des bureaux, eux qui avaient donné
tant de preuves d'abnégation et de charité! C'était leur reprocher
leur dévouement; c'était leur disputer le morceau de pain qu'ils
donnaient à leurs pauvres FF.·.

Quelques membres et moi, nous étions restés fidèles, espérant
toujours dans l'avenir, ne pouvant croire que cet état de choses
pût durer longtemps. Puis on parlait d'une nouvelle réorganisation et des pouvoirs que l'on devait nous donner. Tout cela en-
tretenait mon courage et mes espérances, et puis, le dirai-je, il
me restait encore au fond du cœur mes illusions de néophyte.

Le 25 juin, je fis part à la commission, c'est-à-dire aux dé-
bris de la commission, qu'étant forcé de m'absenter de Paris
pour des affaires de famille, je ne pourrais plus assister aux
séances avant mon retour, qui ne se prolongerait pas au-delà
d'un mois. Je fus de parole; car, le 30 juillet suivant, je reprenais

mes fonctions de président, et je faisais mettre sur le procès-verbal que, surpris de la négligence des employés pendant mon absence à donner l'état des recettes et des dépenses, la commission, comme par le passé, désirait que, chaque semaine, il lui soit remis un état de situation de caisse, par recettes et dépenses.

Le 6 et le 13 août suivant, le caissier continua à ne donner aucun compte ni état, et cependant les recettes et les dépenses se faisaient comme à l'ordinaire. Cette infraction, de la part d'un employé, aux ordres d'une commission, méritait d'être redressée par qui de droit. On n'en fit rien, et cette insubordination, qui se renouvela plus d'une fois dans la suite, fut cause de tous les désagréments que nous éprouvâmes de la part de l'autorité maçonnique.

Enfin, une nouvelle commission venait d'être nommée, et chaque membre avait accepté son mandat avec la ferme résolution de le remplir courageusement et religieusement. Pour moi, je venais d'avoir la faveur d'être hospitalier du Grand-Orient, et en cette qualité, je me trouvais encore président de la Maison de secours. Nous eûmes quelques réunions avant notre installation définitive, dans lesquelles nous parlâmes de notre organisation, espérant que les pouvoirs dont nous serions investis par le Grand-Orient seraient assez larges pour nous permettre de nous administrer nous-mêmes, comme il convient à une commission de secours. Mais nous avions compté sans notre hôte : la Maison de secours n'était plus sous la protection du Grand-Orient, mais faisait partie de son administration *, et, comme telle, ne pouvait s'administrer ni se régir elle-même. La commission devenait donc une machine sans ressort et sans pouvoir, qui ne pouvait et ne devait fonctionner que par une impulsion étrangère. C'était le fruit des perfides paroles du Maçon qui avait dit : « *Mes FF∴, si vous laissez marcher la Maison de secours de cette manière, elle sera bientôt plus riche que le Grand-Orient.* » Aussi, pour éviter que cette prédiction pût s'accomplir, avait-on trouvé tout naturel d'en faire une partie inhérente des bureaux, et de la mettre sous la tutelle de gens salariés. Cette innovation malencontreuse fit de la Maison de secours un non-sens, qui fut blâmé avec raison par tous les amis de l'humanité.

* Article 96 de la Constitution.

MES·DÉCEPTIONS.

CHAPITRE II.

Mes Déceptions.

———o o———

.....Je ne suis point un spadassin ; loin de
provoquer au combat, je l'évite, mais pour
la défense du pauvre je marche le premier,
parce que sa cause est celle de Dieu........

Le 22 août 1853, nous fûmes convoqués en assemblée extra-
ordinaire et installés définitivement par le président du Grand-
Orient, qui nous promit son concours et ses lumières pour nous
aider à faire le bien, et nous fit espérer qu'à l'avenir nos
comptes nous seraient donnés plus régulièrement. Vain espoir.
Le 10 septembre, la commission se plaignait encore de la négli-

gence des bureaux, et faisait mentionner dans son procès-verbal que l'état des recettes et dépenses, donné ce jour par le comptable, était inexact et nullement en rapport avec celui du 4 juin, c'est-à-dire le dernier qu'on nous avait donné. A cet effet je fus chargé de m'entendre avec lui ; car j'avais déjà eu l'occasion de remarquer que certaines erreurs provenant de la caisse hospitalière avaient été appliquées à la caisse de la Maison de secours, et réciproquement ; qu'à ce titre, le chef de la comptabilité s'était cru autorisé à ne faire qu'un seul état et même à payer des rentes qui étaient autrefois payées par le tronc hospitalier, et non par la Maison de secours *.

Déjà l'Hôtel-Dieu maçonnique faisait partie intégrante des bureaux du Grand-Orient. La commission ne pouvait réellement accepter cet empiètement à ses droits ; aussi, désirant que chacun restât dans ses attributions et ne fût plus un sujet de discorde pour la cause commune, je me décidai, après avoir consulté mes collègues, à publier un projet de code pour la Maison

* Chose qui ne pouvait avoir lieu, les deux caisses devant être parfaitement distinctes l'une de l'autre, jusqu'au moment où l'hospitalier sortant aurait rendu ses comptes et fait connaître sa situation financière.

de secours, afin que notre position fût parfaitement tranchée et ne relevât que du grand-maître. Mon code n'était point une œuvre littéraire, mais une œuvre de cœur, qui fut lue et approuvée par les amis de l'ordre et ridiculisée par des esprits étroits qui n'avaient jamais eu la conscience d'une bonne action ni d'une pensée généreuse. Ces derniers l'emportèrent, et mon code fut mis de côté et n'eut par conséquent aucun succès. Cela devait être ! sa rédaction était trop claire.

Cependant, soit comme fiche de consolation ou pour faire la contre-partie de mon code, l'orateur du Grand-Orient fut chargé d'un travail ayant pour but la réorganisation de la Maison de secours et son réglement d'intérieur, qui devaient, disait-on, donner les plus heureux résultats, en faisant de l'Hôtel-Dieu maçonnique un pays de cocagne. Nous fûmes heureux et pleins de confiance. Nous attendîmes ce chef-d'œuvre de législation qui ne pouvait du reste nous surprendre de la part de son auteur, car nous savions de science certaine tout ce qu'il y avait de générosité et de sincérité dans son cœur. Mais n'anticipons point sur l'avenir et suivons la marche des événements.

Le 24 septembre suivant, on remettait à la commission un

nouveau résumé des recettes et des dépenses que nous ne pûmes accepter parce qu'il était incomplet. Le 8 octobre, le caissier nous donnait encore deux états formant deux situations différentes, et par conséquent manquant de régularité, que nous envoyâmes à examiner jusqu'au moment où le F∴ orateur donnerait à la commission connaissance du travail qui devait lui assurer des pouvoirs sans lesquels elle ne pouvait fonctionner ni librement, ni régulièrement. Mais ce travail ne s'achevait que lentement, en sorte que notre position devenait chaque jour plus difficile et plus embarrassante. Cet état de choses ne pouvant se continuer, il fut décidé qu'une commission se rendrait chez un des membres de l'autorité maçonnique pour le supplier de faire cesser nos incertitudes, en daignant fixer définitivement notre position, afin que, dégagés de cette horrible perplexité, nous puissions marcher selon notre cœur et selon le vœu des ateliers. Mais cette démarche sur laquelle nous fondions toutes nos espérances, se passa en conversations oiseuses, en paroles puériles, en eau bénite de cour. On parla de tout, excepté du but de la visite qui avait été adroitement écarté, et la commission se retira plus irrésolue que jamais. Mais tenant à montrer à nos FF∴ que nous n'étions pas des hommes à reculer ni à nous rebuter devant les obstacles, nous convînmes d'adresser collectivement une requête au Grand-Maître de l'Ordre, pour lui demander l'autorisation non-seulement de nous administrer d'après les inspirations de notre code, mais aussi celle de faire un appel aux Loges pour nous venir en aide, et neutraliser par ce moyen la méchanceté de quelques hommes qui avaient juré de fermer la Maison de secours, en semant discrètement la calomnie et en contrôlant les actes d'une commission dont le dévouement et la droiture ne pouvaient être suspectés. Nous gémissions dans nos séances de tant d'iniquité qui devait tôt ou tard tuer l'œuvre sainte de la Franc-Maçonnerie. Cependant nous espérions encore, car nous avions foi dans la justice et dans la bonté de notre très-illustre Grand-Maître, et nous attendions sa réponse qui devait combler nos espérances en fixant et en protégeant nos attributions. Mais notre attente fut encore une fois trompée : le Grand-Maître ne vit point notre requête et nous n'eûmes point de réponse. Il fallait qu'il en fût ainsi, car nous connaissions l'excellence de son cœur, et nous savions que s'il eût connu notre prière, certes, il se serait empressé de nous accorder ce que nous sollicitions de son humanité. Mais, ne l'ayant pas vue, il ne pouvait nous répondre ;

cela était naturel, et cependant nous n'en fûmes pas moins affligés pour la cause du pauvre que nous voyons perdre chaque
jour.

Une dernière planche de salut nous restait encore, c'était le
réglement de la réorganisation de la Maison de secours, duquel
s'était chargé l'orateur du Grand-Orient. Chaque samedi nous
nous informions si le travail était fini, et à chaque demande on
nous répondait : bientôt. — Enfin, ce jour tant désiré arriva,
et nous fûmes convoqués pour entendre la lecture de l'œuvre
étonnante qui devait assurer pour jamais l'existence de nos
FF∴ malheureux, en déterminant irrévocablement et de la
manière la plus large les bases de l'administration de la Maison
centrale de secours du Grand-Orient de France. Pas un de nous
ne manqua à l'appel, car nous avions hâte de connaître notre
sort et de sortir de cette anxiété sous laquelle nous nous débat-
tions depuis si longtemps. Nous prîmes place en silence autour
d'une table circulaire, et l'orateur, d'une voix parfaitement
accentuée et avec une suprême jubilation qui voulait dire : pré-
parez-vous à vous incliner, car vous allez être émerveillés ! nous
lut son travail auquel nous ne comprîmes rien, et nous nous

trouuions si peu éclairés à la fin de la lecture, que je me ha-
sardai à lui demander si c'était la préface de son œuvre qu'il
venait de nous lire.

— Non-seulement la préface, dit-il, mais l'ouvrage tout en-
tier.

Alors permettez, mon F.·., crci n'est point une réorganisation, mais simplement une continuation de notre réglement.
Or, votre travail ne change en rien notre position ni celle de
nos pauvres FF.·.

— Je ne pouvais vous donner autre chose, l'article 96 de la
constitution ayant tout prévu; et puis, cher maître, vous savez
que tout pouvoir, si petit qu'il soit, tend à s'étendre. Or, la sagesse de l'autorité doit à tout fixer des limites.

Je me levai sans répondre, je serrai la main de mes amis, et
je rentrai chez moi le cœur navré et en versant des larmes :
la cause dú pauvre, pour laquelle j'avais tant combattu, était
perdue !

Plusieurs membres, peu satisfaits d'une réorganisation qui

n'avait non-seulement aucune forme administrative, mais qui paralysait par son ambiguité tous les efforts de la commission, murmurèrent de ce manque d'égards envers leur dévouement, et, découragés qu'ils étaient, menacèrent de donner leur démission si l'on ne révisait sur-le-champ un réglement qu'ils ne pouvaient accepter. On promit de le faire en soumettant les articles à la sagesse du Grand-Orient, qui les discuterait et sanctionnerait dans une de ses séances. — Cette promesse nous calma sans nous donner d'espérance, car nous savions que de toutes celles qui nous avaient été faites, aucune encore n'avait eu son accomplissement, et nous pensâmes avec raison qu'il en serait de même pour celle-ci. Hélas ! nos prévisions ne se trouvèrent que trop vérifiées, lorsqu'au 20 janvier suivant l'on porta la cause devant le Grand-Orient, tout fut approuvé ; la commission seule fut blâmée d'avoir osé élever la voix pour défendre son mandat.

Néanmoins, nous continuâmes à nous réunir chaque samedi, et le 24 décembre je communiquai à mes collèguès l'état hebdomadaire des recettes et des dépenses. Ce document était encore incomplet. La commission réclama de nouveau du comptable des états complets, non-seulement des recettes et des dépenses, mais aussi la situation générale de la Maison de secours, chose que nous doutions d'obtenir de cet employé, car nous avions fait depuis longtemps la triste expérience de son opiniâtreté envers la commission et de son mauvais vouloir pour la Maison de secours ; excepté ces deux petits péchés mignons, c'était le F∴ le plus accompli de l'ordre, tant pour le *dévouement* que pour les hautes *lumières*.

Le 2 janvier, n'ayant pu obtenir des bureaux des comptes réguliers, et désirant voir finir ces débats, le deuxième grand-maître-adjoint nomma une commission composée de trois membres pour vérifier les comptes de l'Hôtel-Dieu maçonnique ; ces FF∴ devaient être assistés de l'orateur du Grand-Orient. Mais cette vérification n'eut pas lieu, et nous eûmes le chagrin de voir encore une fois notre espoir sans résultat, Pour moi ; brisé par cette longue lutte, désespérant du but, je sentais ma foi faiblir et mes illusions s'envoler ; je songeai sérieusement à me retirer. Déjà deux des nôtres avaient donné leur démission, je prévoyais que d'autres allaient suivre bientôt ; cependant, craignant que mon exemple n'entrainât le reste de la commission, je me résignai et je restai, attendant un moment plus opportun.

MA DÉMISSION.

CHAPITRE III.

Ma Démission.

———◇———

Voyant que nous ne pouvions obtenir aucun compte, craignant d'un autre côté que les recettes ne se fissent plus aussi régulièrement, par l'abandon des Loges, qu'on nous annihilait chaque jour, nous voulûmes encore tenter un effort en faveur de l'œuvre dont on avait juré la perte. En conséquence, nous arrêtâmes de donner un bal, comme cela se faisait chaque année. C'était notre

3

dernier enjeu, c'était notre ressource suprême que nous allions livrer à la générosité de nos FF.·..

Nous fîmes part de notre projet à l'autorité maçonnique, qui l'approuva, et nous autorisa à donner un bal ou telle fête que nous jugerions convenable, en faveur des Maçons malheureux. Forte de cette autorisation, la commission régla, dans sa séance suivante, les conditions du bal pour lequel elle avait opté, nomma des commissaires pour faire souscrire les Loges à cette fête de charité, et fixa le prix des billets d'entrée à 6 fr. pour un homme et à 4 fr. pour une dame. La médiocrité de ces prix nous donna l'espérance que tous les Maçons prendraient part à notre œuvre, et que le riche et le pauvre, se confondant fraternellement ensemble, apporteraient avec joie l'offrande qui devait contribuer à soulager le malheur, et assurer un asile à la vieillesse. Heureux de cette pensée, chacun de nous se mit avec ardeur à la besogne, et ne consulta que son cœur pour arriver plus tôt. Une sous-commission avait été nommée pour préparer le local, que nous connaissions déjà, car plusieurs membres de l'autorité avaient eu la bonté de nous le désigner, et le sous-chef, en l'absence du chef du secrétariat, toujours empressé à imiter ses supérieurs, nous avait engagé à prendre le Petit Temple Bleu pour le transformer en vestiaire, et nous montra en même temps le modèle des billets et des lettres-circulaires que nous devions faire faire, en nous engageant d'aller de suite chez l'imprimeur, afin que notre affaire n'eût aucun retard.

Tout allait donc pour le mieux, et nous devions espérer cette fois voir nos efforts couronnés d'un plein succès, d'après l'assentiment que chacun donnait à notre projet. Aussi, la sous-commission se présenta-t-elle au local de la rue Cadet, persuadée d'agir en toute liberté dans ce qu'elle voulait ordonner aux fournisseurs, déjà prévenus par elle, pour l'embellissement de notre fête. Mais grande fut sa surprise, je dirai même que rien ne saurait exprimer sa stupéfaction, lorsque le concierge, l'arrêtant dans la cour, lui dit que, non-seulement les bureaux du secrétariat étaient fermés, ce qui désignait l'absence des employés, mais qu'un ordre supérieur, *ordre venant simplement d'un membre de la commission du local,* lui défendait de montrer à la sous-commission aucun des locaux, avant la réunion du conseil du Grand-Maître.

Cette réponse peu courtoise était une insulte directe à la dignité de la commission tout entière. Comment? après avoir applaudi à cette fête de bienfaisance, on venait en arrêter l'exécution! Comment? après avoir proposé le local, on venait en interdire l'entrée! et quand on savait qu'une sous-commission devait venir en prendre possession; plutôt que de lui éviter le ridicule d'une semblable démarche, on la livrait à la merci d'un concierge, pour en recevoir cette injurieuse déception!...

La sous-commission sentit tout ce qu'il y avait de blessant pour elle dans cette conduite si peu maçonnique et si peu mesurée : elle se retira en protestant; procès-verbal fut dressé par elle, après avoir ordonné au concierge de prévenir les entrepreneurs qui avaient été appelés, d'avoir la bonté d'attendre un nouvel avis pour se présenter.

Dans la matinée du même jour, pareille chose était arrivée à un membre de la commission qui s'était présenté au bureau du sous-chef, pour faire timbrer et numéroter les billets de notre bal. Ce dernier lui avait montré un ordre qui lui enjoignait de ne mettre à la disposition du président ou des commissaires de la

Maison de secours aucun employé, sans en avoir reçu l'autorisation du conseil du Grand-Maître, auquel conseil la commission
aurait dû soumettre son projet de bal, pour en obtenir son agré-
ment... tel était le dernier paragraphe de l'ordre.

Ainsi, après avoir reçu l'autorisation de faire telle fête que nous
jugerions convenable, en faveur des Maçons malheureux, on exi-
geait encore que nous présentions de nouveau le projet du bal
pour lequel nous avions opté. C'était faire de l'arbitraire, et non
de la Maçonnerie : c'était faire peser une autorité malsonnante
sur un acte de charité ; c'était, en un mot, vouloir paralyser notre
dévouement.

J'admets pour un instant que, dans le zèle qui nous animait,
nous ayons passé par dessus les convenances, en allant au-
delà de nos pouvoirs ; mais ne devait-on pas nous excuser
en faveur de l'action qui nous faisait agir, et non venir, par
un caprice sans exemple, nous interdire de faire le bien à nos
pauvres FF.˙.

Il est vrai que le F.˙. qui arrêtait ainsi de sa propre volonté les dispositions d'une œuvre de bienfaisance, ne s'étant pas trouvé au conseil, quoique ce fût son devoir, n'avait eu qu'indirectement connaissance de notre projet et de sa sanction; mais, sans doute blessé de ce qu'on ne s'était pas tout d'abord adressé à lui (pourquoi n'était-il pas à son poste?) pour avoir son assentiment, lui qui se croyait l'homme indispensable de l'Ordre, avait, dans sa suprême sagesse, mis son *veto* sur nos dispositions, en attendant que le conseil du Grand-Maître en décidât autrement. Nous apprîmes bientôt que le véritable motif de cette inqualifiable opposition n'était pas le bal en lui-même, ni le manque de formes de notre part, mais le prix modique que nous avions décidé, prix qui permettait aux Maçons de toutes les classes d'assister à cette fête, ce qui ne pouvait convenir aux hauts dignitaires, qui, malgré leur fraternité, auraient craint de se trouver mêlés dans cette solennité. En conséquence, il fut proposé, dans le conseil du 3 février 1854, de mettre les billets d'entrée à 20 fr. pour homme et dame; puis, après discussion, le prix de 10 fr. et de 5 fr. fut accepté, c'est-à-dire 10 fr. pour un homme et 5 fr. pour une dame; de plus, on nous imposa un local qui ne pouvait convenir à une nombreuse société. A ces deux conditions seulement, on nous permettait de donner un bal. Aussi, en présence de toutes les difficultés qu'on nous suggérait sans cesse, l'augmentation du prix et l'exiguité de la salle, qui était presque une moquerie, nous préférâmes renoncer à notre fête de charité. Notre dernier enjeu était perdu !

C'est ainsi que la fraternité a souvent marché, contrairement aux lois de l'humanité, et cependant on ne cesse de nous vanter ses bienfaits; bienfaits qui n'ont été, jusqu'à présent, qu'un vain mot, sans fruit, sans résultat, comme on vient de le voir, et qui n'ont été, au contraire, qu'une amère dérision dans la bouche de nos moralistes; car nous retrouvons chaque jour dans le monde maçonnique les préjugés du monde profane; oui, nous en retrouvons également toutes les distinctions.

Aux uns, nous nous empressons d'accorder les honneurs, les dignités et toutes les prérogatives de l'Ordre.

Aux autres, hélas! nous croyons faire beaucoup en leur donnant les charges, le travail et tous les désagréments qui demandent une vie de dévouement, d'abnégation et de générosité, ainsi que toutes les vertus qui unissent l'homme à Dieu. Mais que fout toutes ces qualités aux heureux de ce monde, si vous ne pouvez briller comme eux par votre or? A quoi servira votre amour du bien et votre sollicitude pour les souffrances du malheur, si vous êtes humble? On vous oubliera aux jours de fêtes, et vous serez le dernier dans l'accomplissement de votre symbole.

Désespéré d'avoir vu échouer sa dernière espérance, la commission décida, dans sa séance du 4 février, que, vu l'exiguïté du local mis à sa disposition par le conseil du Grand-Maître, elle renonçait à donner un bal cette année. C'était pour la deuxième fois que pareille chose arrivait par les mêmes circonstances, par les mêmes hommes.

Six membres de la commission, mécontents de la conduite dominatrice de l'autorité, donnèrent leur démission dans la même séance. Avec les deux qui avaient été données précédemment, cela réduisit la commission à cinq membres, qui ne restèrent que par attachement pour moi; car ils savaient que, malgré leurs efforts, la Maison de secours ne rendrait bientôt plus que des services illusoires à l'infortune, comme à la vieillesse. Cependant, quoique nous considérions notre mission comme devant être sans résultat, nous n'en continuâmes pas moins à nous réunir chaque samedi, et, comme nous ne recevions aucun état des recettes et des dépenses, je rappelais, dans la séance du 11, qu'une sous-commission avait été nommée pour l'apurement des comptes de la Maison de secours ; qu'en conséquence, il fallait prier, par le procès-verbal, le secrétariat de vouloir bien convoquer le plus prochainement le premier surveillant du Grand-Orient, qui avait manifesté le désir d'y assister ; mais cette vérification fut, comme les précédentes, sans résultat, c'est-à-dire n'eut pas lieu.

Le 25, sans en référer au président de la Maison de secours, non comme devoir, mais simplement comme convenances, un membre de l'autorité maçonnique nous imposa un pensionnaire duquel la commission avait décidé la sortie, pour des raisons que ce membre connaissait.

Sans doute, comme membre de l'autorité supérieure, il pouvait nous imposer tel pensionnaire qu'il lui plairait, néanmoins la commission avait aussi des pouvoirs. Or, par égard pour ses pouvoirs, ce dignitaire devait le premier les respecter, en m'adressant un mot, ne fût-ce que pour la forme. Il ne crut pas devoir le faire; la commission en fut froissée, et protesta énergiquement contre l'abus d'une semblable autorité. Dès ce jour, la commission fut considérée, par quelques membres du conseil du Grand-Maître, comme en révolte ouverte, et, comme telle, fut mise à l'index. C'est ainsi qu'on récompensait le zèle, le dévouement et les sentiments les plus purs, les plus droits, que des cœurs vraiment maçonniques pouvaient apporter dans leurs fonctions.

Le 4 mars, le caissier du Grand-Orient nous adressa une planche, par laquelle il nous annonçait qu'il nous remettrait, le samedi suivant, l'état financier de la Maison de secours; mais cet état fut encore oublié. Le 18, j'adressais une requête à un des membres de l'autorité, qui avait pour but de lui faire connaître les démissions données au comité de la Maison de secours, et, en même temps, je le priais de rappeler les FF∴ démissionnaires; mais il ne me répondit pas, et j'appris avec chagrin qu'il avait agi avec aussi peu de courtoisie envers les FF∴ que je lui désignais. Cette conduite me fit de la peine; car je la trouvais non-seulement peu maçonnique, mais offensante pour la dignité de la Maison de secours.

Enfin le 25 mars, le secrétariat adressa une planche à la commission, avec la situation financière de la Maison de secours, arrêtée le 28 février 1854, qui donnait une balance de 392 fr. 86 c. A cette situation en était jointe une autre, du 1er au 24 mars, que la commission trouva incomplète (*); en conséquence, je fus encore chargé de m'entendre avec le caissier. A cet effet, mais comme toujours, je ne pus obtenir de cet employé aucune satisfaction, et puis, du reste, la commission n'étant plus qu'un fantôme, tout le monde se croyait affranchi de lui obéir. Nous marchâmes ainsi pendant le mois d'avril et une partie du mois de mai. A cette époque, je proposais à la Loge Saint-Lucien, de laquelle j'avais la faveur d'être l'hospitalier, de donner 200 fr. à la Maison de secours. J'eus le bonheur de voir chacun applaudir à ma proposition, excepté le caissier du Grand-Orient, qui se trouvait pré-

(*) Ces deux situations ne faisaient nulle mention des rentes et actions appartenant à la Maison de secours; c'était, sans doute, pour faire paraître notre déficit plus fort. C'était peu généreux de la part de l'agent comptable, et cependant ce F∴ nous avait promis bien des fois d'être de la plus grande régularité envers nous; mais ses promesses ont été comme celles de l'autorité maçonnique, qui devait nous donner un local pour y tenir nos séances, mettre nos archives, les bons de pain, de viande, ainsi que les livres de notre comptabilité; mais toutes ces promesses sont restées sans effet, et, à l'heure qu'il est, nous n'avons encore rien à notre disposition.

sent à cette séance, et qui, poursuivant son système d'opiniâtreté envers la commission, s'opposa ridiculement à ce don, alléguant que l'Hôtel-Dieu maçonnique était dans un état, sinon prospère, du moins satisfaisant, et qu'au reste, il vallait mieux attendre que sa position financière fût définitivement arrêtée, et qu'alors, s'il y avait urgence, on pourrait lui faire cette offrande; mais que, jusques-là, il n'en voyait pas la nécessité.

Ces paroles me parurent d'autant plus étranges, que cet homme connaissait mieux que personne notre position et savait mieux que personne combien elle était précaire, ainsi que nous le verrons bientôt. Cependant, malgré l'éloquence très peu charitable de ce bon F.·., la Loge Saint-Lucien arrêta, à l'unanimité, qu'on verserait sur-le-champ 200 fr. dans le tronc de bienfaisance de la Maison de secours.

Le 3 juin suivant, le caissier nous adressa l'état du premier trimestre de l'année maçonnique 1854, c'est-à-dire à partir du 1er mars jusqu'au 31 mai inclusivement, sur lequel, indépendamment de nos dépenses journalières, il avait ajouté une rectification provenant d'une erreur, disait-il, faite sur les prélèvements opérés le 28 février 1853 : sur 116 cotisations trimestrielles de députés, qui, à 75 centimes, ne produisaient que 87 fr., qui avaient été portés à tort à 899 fr., ce qui faisait une différence de 812 fr. Or, il résultait de ce redressement, ordonné par le conseil du Grand-Maître, que la Maison de secours se trouvait débitrice du Grand-Orient d'une somme de 579 fr. 36 c.

Que ledit conseil du Grand-Maître assure les intérêts du Grand-Orient, rien de mieux : cela était son droit; cela était justice; mais n'était-ce pas justice aussi d'assurer les nôtres, en nous faisant la remise des sommes que le Grand-Orient avait puisées dans la caisse de la Maison de secours pendant mon absence, du 24 juin au 30 juillet, la remise des indemnités accordées à un ancien employé du Grand-Orient, ainsi que celle des largesses envoyées à Barcelonne : toutes ces sommes nous eussent fait un encaisse, et auraient rétabli l'équilibre de notre position; mais la créance seule du Grand-Orient fut reconnue, et il ne fut nullement question de la nôtre. Aussi, à la suite de son état trimestriel, le caissier nous adressait-il le paragraphe suivant :

« Messieurs,

« En raison de l'établissement distinct des comptes du G∴ O∴

« de la Société civile et de la Maison de secours, et du débet qui

« résulte de la situation, à ce jour, de la Maison de secours, j'ai

« le regret de vous exprimer l'embarras où je me trouve de con-

« tinuer les paiements pour son compte, *et, en présence des or-*

« *dres donnés, je ne crois pas devoir y déroger, sans une déci-*

« *sion émanant d'une autorité supérieure.*

« Je suis, etc. »

Comme l'on voit, la Maison de secours devait, et l'on mena-
çait d'arrêter ses paiements, à moins d'un ordre supérieur, et
l'homme qui nous écrivait ce consolant paragraphe était celui qui,
quinze jours auparavant, s'opposait avec une violence extrême au
don de 200 fr. que la Loge Saint-Lucien voulait faire à la Maison
de secours, en disant : *que si cette dernière n'était pas dans un
état prospère, elle était au moins dans un état satisfaisant !* Que
penser d'une pareille conduite ? Lui qui avait entre les mains les
documents qui prouvaient que nos ressources étaient presque
épuisées ; que penser, dis-je, de cet homme qui venait s'opposer

à une généreuse offrande qui pouvait sauver la Maison de secours, en lui permettant d'attendre que les Loges vinssent à son aide ? Je n'ose qualifier cette manière d'agir ; je laisse aux amis de l'humanité d'en faire justice ! !...

Seulement, en présence de toutes ces iniquités, qui depuis longtemps dispersent un à un les membres si dévoués de la commission, désespérant de l'accomplissement de mon mandat, épuisé par la lutte, je me retire et donne ma démission, en priant le ciel que celui qui me remplacera soit plus heureux que moi, en assurant à la Maison de secours un avenir certain, en dépit du mauvais vouloir de quèlques FF.·.

Oui, je donne ma démission, en suppliant mes FF.·. de bien se persuader qu'aucun motif d'orgueil ne dicta ma conduite pendant ma présidence ; car je n'eus toujours qu'un seul but : celui de faire le bien, et quand je demandais des pouvoirs, ce n'était pas pour satisfaire ma vanité, mais c'était pour assurer une retraite à la vieillesse ; quand je demandais des pouvoirs, c'était pour soulager le malheur, c'était pour organiser le travail, c'était enfin pour faire de la Maison de secours un monument digne de la

Franc-Maçonnerie, digne du Grand-Orient et digne du Grand-Maître ! Pour moi, en échange de tous mes efforts, je ne voulais rien, je ne demandais rien, sinon de rester dans mon obscurité et d'emporter avec moi la douce satisfaction d'avoir pu contribuer au bonheur de mes semblables. On ne l'a pas voulu, je me retire !...

J'ai écrit deux planches, une le 6 juillet et l'autre le 14 du même mois ; dans la première était ma démission d'hospitalier du Grand-Orient, et la deuxième prévenait qu'ayant donné ma démission de Président de la Maison de secours, je ne pouvais plus faire partie du conseil du Grand-Maître. A cet effet, le Président du Grand-Orient, représentant particulier du Grand-Maître, m'a adressé une réponse aussi flatteuse pour moi, qu'elle est honorable pour cet illustre dignitaire. — On trouvera cette planche ci-jointe.

Paris.—Imp. BOISSEAU et Cᵉ, passage du Caire, 123-124.

22 Juillet 4.

le F∴ Jirnin, Président du G∴ O∴,
au R∴ F∴ Portalier,

J∴ T∴ T∴

K∴ C∴ F∴

le conseil du T∴ ill∴ grand-Maître
s'étant réuni hier 21 Juillet, je
n'ai pû Répondre plutôt à votre
planche du 6 Juillet, par laquelle
vous m'annoncez votre intention
bien formelle de cesser vos fonctions
d'hospitalier du G∴ O∴, et à votre
Lettre du 14, où vous faites observer
qu'ayant donné votre Démission
de Président de la maison de secours,
vous ne pouvez plus faire partie
du conseil du G∴ maître.

tous ceux qui ont pû comme moi,
apprécier votre Dévouement à la
Maçonnerie, votre ardent désir de
faire le Bien, votre Energie pour
Lutter contre le mauvais vouloir ou
l'indifférence, Regretteront la
Détermination que vous avez prise,
et qui, en privant la maison de
Secours d'un Président modèle,
va Laisser dans le conseil du G∴ M∴,

un Vide qui afflige tous les Membres.

Recevez Dou ma voix, T∴ C∴ F∴, avec l'Expression de nos Regrets, les Remerciemens bien sincères du G∴ O∴, Pour toutes les Peines que vous vous êtes Données, en Pour le Zèle éclairé et infatigable avec lequel vous avez constamment Rempli les pénibles fonctions de Président de la Maison de Secours.

Je vous Prie d'agréer, T∴ C∴ F∴, avec l'honneur de ma considération, la Nouvelle assurance de mes très fraternels Sentimens.

votre tout Dévoué F.

Jernim
Remy 33∴

www.ingramcontent.com/pod-product-compliance
Lightning Source LLC
Chambersburg PA
CBHW051727050726
47598CB00003B/1080